Das Princip der Personalität des Rechts tritt bei den germanischen Völkern in zweifacher Gestaltung auf: als nationales und als Stammesrecht. Wenn nun das Stammesrecht nicht ohne Grund als eine Ausschreitung des Particularismus bezeichnet werden dürfte, so liegt hingegen in der Nationalität des Rechts ein kerngesunder Gedanke. Der Zusammenhang von Recht und Nation bildet noch heute ein Stück unseres juristischen Glaubensbekenntnisses, die Nationalität des Rechts gehört zu den Consequenzen dieses Zusammenhangs, und wenn wir heute diese Consequenz nicht mehr ziehen, so liegt dies daran, weil nothgedrungen im Lauf der Jahrhunderte die Macht des Staates allseitig (auch gegenüber den Fremden) vergrössert worden ist.

Es entsteht die Frage: ist die Personalität des Rechts ein den Germanen eigenthümlicher oder nicht vielmehr ein der alten Welt gemeinsamer Gedanke? Diese Frage soll hier für das Römische Recht in der Zeit, wo durch Verträge die Friedlosigkeit der Peregrinen beseitigt war, untersucht werden; aus ihrer Beantwortung wird sich Manches für die Bildung des Römischen ius gentium, das ja den Gegenstand einer viel behandelten Controverse bildet, deduciren lassen.

In aller Bestimmtheit möchte ich Savigny als einen Anhänger des Personalitätssystems bezeichnen; zwar treffen wir bei ihm nur die Sache, nicht das Wort; dies hat darin seinen Grund, weil er die Materie der Darstellung des heutigen internationalen Privatrechts vorausschickt, und dabei die Lehre von der origo und dem domicilium entwickelt; so lehrt er denn, dass das Recht einer Stadt eine Eigenschaft der ihr kraft Bürgerrechts oder Wohnsitzes angehörigen Personen sei, und er spricht von einer lex originis und domicilii[1]; allein wenn eine Collision zwischen diesen beiden entsteht, wenn Jemand in zwei verschiedenen Städten das Bürgerrecht und den Wohnsitz hat, so hält es Savigny „für unzweifelhaft", dass das örtliche Recht durch das Bürgerrecht bestimmt wurde, nicht durch den Wohnsitz[2]. Mit anderen Worten: für entscheidend hält Savigny den Wohnsitz nur für die $ἀπόλιδες$; da es keiner Ausführung bedarf, dass diese die Ausnahme bilden, so durfte ich oben Savigny als einen Vertreter des Personalitätssystems bezeichnen.

Savigny fasst seine Ansicht in zwei „leitende Gesichtspunkte" zusammen, die, wenn man näher hinsieht, sich als die Regel und die Ausnahme darstellen[3].

Die Regel formulirt Savigny mit folgenden Worten: das Bürgerrecht einer bestimmten Stadt bestimmt in der Regel für jeden Einzelnen dasjenige positive Recht, dem er persönlich untergeordnet ist, nach welchem also er beurtheilt werden muss. Diese Worte enthalten das Perso-

---

[1] System Bd. 7, S. 76 ff.
[2] Savigny a. a. O. S. 87.
[3] Savigny a. a. O. S. 81 f.

PEREGRINENRECHT

UND

IUS GENTIUM.

FESTSCHRIFT
ZUM
FÜNFZIGJÄHRIGEN DOCTORJUBILÄUM
VON
RUDOLPH VON JHERING
AM 6. AUGUST 1892
DARGEBRACHT
VON
JULIUS BARON.

LEIPZIG,
VERLAG VON DUNCKER & HUMBLOT.
1892.

Alle Rechte vorbehalten.

nalitätssystem, denn das Bürgerrecht (civitas) ist nichts als die der classischen Welt angehörige juristische Bezeichnung der Nation resp. des Stammes[1]; der antikclassische Staat ist von einer Stadt aus gebildet, sie bildete nicht bloss den Mittelpunkt, sondern das Wesen des Staates, daher findet die Zugehörigkeit zum antiken Staat im Bürgerrecht ihren Ausdruck. Aus dem aufgestellten Princip erklärt nun Savigny folgende Rechtssätze:

Während die Verpflichtung des Römischen Fidepromissor unvererblich ist, ist die des peregrinen dann vererblich, si alio iure civitas eius utitur[2].

Den Bericht des Gaius, dass die lex Furia de sponsoribus et fidepromissoribus bloss in Italien gelte[3], versteht Savigny dahin, dass sie nur für die Bürger der Städte in Italien, nicht hingegen für die Bürger der Provinzialstädte Geltung hatte, auch wenn letztere die Römische Civität hatten, da das Bürgerrecht der Stadt Rom bei der Bestimmung des persönlichen Rechts nicht in Betracht kam[4]. Dieser Auffassung dürfte kaum zuzustimmen sein, denn sie stimmt wenig zu den Worten des Gaius: lex Furia tantum in Italia locum habet, in ceteris provinciis

---

[1] Daraus ergiebt sich, dass ich das Römische Princip des Bürgerrechts mit dem Germanischen der Nationalität resp. des Stammes nicht identificire, sie verhalten sich zu einander wie der Rechtsbegriff zur natürlichen Thatsache. Differenzen liegen auf der Hand, z. B. dass wohl das Bürgerrecht durch Aufnahme erworben werden kann, nicht aber die Nationalität noch die Stammesangehörigkeit.
[2] Gai. 3, 120.
[3] Gai. 3, 121. 121 a.
[4] Savigny a. a. O. S. 88.

sponsores quoque et fidepromissores proinde ac fideiussores perpetuo tenentur, et singuli in solidum obligantur. Hier wird doch dem Gesetz eine räumlich beschränkte Wirksamkeit beigelegt, die nur auf den Ort der Eingehung der Bürgschaft bezogen werden kann. Es hat nun Huschke in dieser Beziehung eine zweifache Bemerkung gemacht[1]. Einmal dass wahrscheinlich das Gesetz sich nicht der Worte „in Italia", sondern „in agro Romano" oder einer ähnlichen Bezeichnung bedient habe, denn Italien ist in jener Zeit entschieden nur ein geographischer, kein politischer, also kein juristischer Begriff, er wird dies erst viel später[2] gegen Ende der Republik, und hier wurde denn Italien dem ager Romanus substituirt. Zweitens, dass bei dieser Annahme der Grund der räumlichen Beschränkung leicht erkennbar wird; in dem engen Umkreis des damaligen Staates konnte man den Bürgen leicht erreichen, und den doppelten Eingriff des Gesetzes in das Recht des Gläubigers rechtfertigen. Hiernach muss das Gesetz auf solche Personen bezogen werden, welche nur Römische Bürger sind[3] und in den Grenzen des Mittelstaats (nicht des Weltstaats) durch sponsio oder fidepromissio intercediren. Auf einen Nichtbürger ist es nicht zu beziehen, dieser untersteht auch hier dem Recht seines Staates, und Rudorff[4] bemerkt, dass nach Athenischem Recht die Verpflichtung für eine fremde Schuld nur

---

[1] Gaius S. 84, 85.
[2] Vgl. hierüber meine Ausführung in der krit. Vierteljahrsschrift N. F. Bd. 8, S. 515 (Recension von Heisterbergks ius Italicum).
[3] Mommsen will es auf alle Italiker beziehen (Staatsrecht 3, 696, Anm. 1), siehe gegen ihn Wlassak, Processgesetze 2, 156 f.
[4] Rechtsgeschichte Bd. 1 § 20 Anm. 10.

Ein Jahr dauerte. Das Resultat ist, dass die Bestimmungen der lex Furia mit dem Personalitätssystem übereinstimmen; die Bedenken, welche die Savignysche Auffassung hervorruft, schwinden bei der Huschkeschen Erklärung; nur die Frage könnte aufgeworfen werden, warum denn Gaius nicht die Worte hinzugefügt habe, die er bei der Behandlung der Unvererblichkeit der sponsio und fidepromissio gebraucht hatte, nämlich die Worte: nisi si de peregrino fidepromissore quaeramus et alio iure civitas eius utatur; allein Gaius durfte annehmen, dass diese wenige Zeilen vorher geschriebenen Worte im Gedächtniss seiner Leser seien und von diesen auf die lex Furia übertragen werden würden.

Das folgende Argument von Savigny ist die Testirfähigkeit; nicht bloss der Römer besitzt sie, sondern auch der Peregrine, wenn er in einer Stadt Bürger ist, deren Stadtrecht die Testamente zulässt: ut secundum leges civitatis suae testetur[1]; die ἀπόλιδες, insbesondere die dediticiorum numero haben deshalb keine Testirfähigkeit.

Das letzte Argument Savignys ist der Bericht des Servius Sulpicius über das Latinische Verlöbnissrecht[2]. Danach war das Verlöbniss bei den Latinern klagbar; wenn der Bräutigam oder der Schwiegervater es ohne Grund nicht erfüllte, so wurde er zu einer Geldsumme verurtheilt. Dieses Recht dauerte bis zur lex Julia de civitate von 664, welche allen Latinischen Gemeinden die volle Civität ver-

---

[1] Ulp. 20, 14.
[2] Mitgetheilt von Gellius lib. 4 cap. 4.

schaffte; denn nunmehr trat an die Stelle des Lateinischen Rechts der Römische Grundsatz: libera matrimonia esse[1]. Diesen Savignyschen Argumenten möchte ich noch zweierlei hinzufügen. Zunächst den Bericht des Gaius 3, 134 über die chirographa und syngrapha; es ist ein genus obligationis proprium peregrinorum, es entspringt daraus eine Haftung der Peregrinen auch in der Stadt Rom, nicht hingegen eine Haftung des Römischen Bürgers. Die Behauptung von Jörs[2], dass sie in den Griechischen Gemeinden auch für die Römer gegolten haben, erachte ich für falsch; auch habe ich sie nicht bei Gneist, auf den Jörs verweist, gefunden. — Sodann den Satz der zwölf Tafeln: adversus hostem aeterna auctoritas esto. Nach meiner Ansicht ist dieser Satz in dem Sinne aufzufassen, wie ihn zuerst Salmasius vorgeschlagen und später insbesondere Unterholzner und Mommsen genauer entwickelt haben; die Sache eines Peregrinen nämlich kann nicht ersessen werden, deshalb kann der Peregrine sie jederzeit vindiciren, und in diesem Falle haftet der Römische Verkäufer dem Römischen Käufer ewige Zeit auf Prästirung der Auctoritas. Es ist gegen diese Interpretation eingewandt worden, dass es etwas ganz anderes sei, wenn ein Peregrine die Sache eines Römers nicht usucapiren könne, denn hier beruhe das Hinderniss der Usucapion in einer Eigenschaft der Person, nicht der Sache[3]; aber folgt denn hieraus, dass eine Eigenschaft der Sache kein Usucapionshinderniss sein könne? Und kann nicht im vorliegenden Fall die Eigen-

---

[1] l 2 C. de inut. stip. 8, 38.
[2] Römische Rechtswissenschaft S. 135 Note 3.
[3] Puchta, kleine civ. Schriften S. 69.

schaft der Sache auf eine Eigenschaft einer Person (ihres Eigenthümers) zurückgeführt werden? Es ist ferner eingewendet worden, dass der Satz der zwölf Tafeln, in dem obigen Sinn aufgefasst, lediglich zu Gunsten der Peregrinen und zum Nachtheil der Römer ausschlage, und dass dies bei einem bono publico eingeführten Rechtsinstitut sehr auffallend sei [1]. Wenn indess dem peregrinen Fidepromissor die Einrede der Unvererblichkeit und der Verjährung versagt wird, weil sie in dem Recht seiner Vaterstadt nicht existirt: warum soll er denn dem Recht der Usucapion sich unterwerfen müssen, das im Recht seiner Vaterstadt nicht existirt? Es dürfte Eindruck machen, dass noch Karl der Grosse in dem cap. 8 des capitulare Italicum von 801 [2] ein Gleiches verordnet:

> De servis fugacibus. Ubicunque intra Italiam sive regius sive ecclesiasticus vel cuiuslibet alterius hominis servus fugitivus inventus fuerit, a domino suo sine ulla annorum praescriptione vindicetur, ea tamen ratione, si dominus Francus sive Alemannus aut alterius cuiuslibet nationis sit; si vero Longobardus aut Romanus fuerit, ea lege servos suos vel adquirat vel amittat, sicut inter eos antiquitus est constituta.

Also, um Savignys Worte zu gebrauchen[3]: „kommt es bei flüchtigen Sclaven auf das Recht des vindicirenden Herrn an; war dieser Römer oder Lombarde, so sollte er sich Verjährung gefallen lassen, ausserdem nicht". Hier steht dem Herrn ein Sclave gegenüber, er kann dem Herrn die

---

[1] Burckhard in der Zschr. für Rechtsgesch. Bd. 7 S. 17.
[2] Boretius, cap. reg. Franc. I, 206.
[3] Gesch. des R. R. im Mittelalter 1, 141.

Einrede der Präscription nicht entgegenhalten, wenn der letztere ein Franke u. s. w. ist; mit demselben Recht kann, wenn dem Herrn ein Käufer gegenübersteht, der letztere sich dann nicht auf Usucapion stützen, wenn der Herr ein Peregrine ist, der Peregrine wird ihn besiegen, und der Käufer wird vom Verkäufer zu jeder Zeit die Prästirung der Auctoritas verlangen dürfen: adversus hostem aeterna auctoritas esto. Die Folge wird sein, dass die Rechtsstellung des Eigenthümers dessen Sache ergreift, und dies wird durch die andere Bestimmung bestätigt, wonach der Sclave ex persona domini mancipations-, stipulations-, einsetzungsfähig ist.

Die Erklärung des Zwölftafelsatzes ist demnach, das Personalitätsprincip vorausgesetzt, durchaus schlüssig; der anderen weit verbreiteten, wonach ein Peregrine eine fremde Sache gekauft hat und, da er sie nicht usucapiren kann, ewig der Vindication Seitens des wahren Eigenthümers ausgesetzt ist, also auch ewig vom Verkäufer die Prästirung der Auctoritas fordern kann — dieser Erklärung (sage ich) gebricht es nicht bloss an sprachlichen, sondern auch an juristischen Erfordernissen. An sprachlichen: denn sie nimmt die Worte adversus hostem in dem Sinne von circa hostem; an juristischen: denn sie lässt unberücksichtigt, dass die actio auctoritatis eine Mancipation voraussetzt, und deshalb nur von Demjenigen angestellt werden kann, welchem etwas mancipirt worden ist, einem Peregrinen aber kann nichts mancipirt werden.

Meine bisherige Ausführung betraf die Savignysche Regel; nunmehr wende ich mich zu der von ihm behaupteten Ausnahme, welche er also formulirt: In einem Vertragsverhältniss zwischen zwei Bürgern verschiedener Staaten kann keiner Partei das rein positive Recht des ihr fremden Staates entgegengesetzt werden; sie sind vielmehr nach dem ius gentium zu beurtheilen. Doch kann davon in einzelnen Fällen aus politischen Gründen das Gegentheil vorgeschrieben werden.

Man beachte wohl, dass die von Savigny behauptete Ausnahme sich auf Vertragsverhältnisse bezieht. Es ist zuzugeben, dass hier das Personalitätssystem seine Schwierigkeit hat; denn jeder Contrahent kann danach behufs Beurtheilung seiner Forderung resp. Schuld sich auf sein Bürgerrecht berufen, und bei einer Differenz zwischen ihnen ist anscheinend keines von beiden dem anderen vorzuziehen; Savigny löst die Schwierigkeit dadurch, dass er, soweit sie von einander abweichen, beide ausser Acht lässt; denn das ist offenbar der Sinn seiner Worte, die Contrahenten seien nach dem ius gentium zu beurtheilen.

Mir erregt jedoch Bedenken die schon oben erwähnte Bestimmung über die Vererbung der Fidepromissionsschuld. Nach Römischem Recht ist sie unvererblich, und der Erbe des Römischen Fidepromissor haftet nicht; der Erbe des peregrinischen Fidepromissor hingegen haftet, wenn nach dem Recht der Stadt, in welcher er Bürger ist, die Fidepromissio eine vererbliche Schuld erzeugt. Nehmen wir einen peregrinen Gläubiger und einen Römischen Fidepromissor; will Savigny behaupten, dass alsdann der Erbe des Römischen Fidepromissor, weil er einem peregrinen Gläubiger gegenübersteht, dessen Stadtrecht den Grundsatz des ius gentium festgehalten hat, diesem die Römische positive Vorschrift von der Unvererblichkeit der

Fidepromissio nicht entgegenhalten kann? Mit keinem Worte würde sich eine solche Behauptung auf Gaius stützen lassen, trotzdem er des entgegengesetzten peregrinen Rechts gedachte und also genügenden Anlass hatte, den Collisionsfall zu entscheiden; offenbar leugnet er, dass ein Collisionsfall vorliege, er steht auf dem Personalitätsprincip, und lässt den Erben des Fidepromissor frei werden resp. verhaftet bleiben, je nachdem das Gesetz der Stadt, welcher der verstorbene Fidepromissor als Bürger angehört hat, lautet.

Und wie würde Savigny den Fall entschieden haben, wenn zwei abweichende positive Vorschriften einander gegenüberstehen? Zum Beispiel verjährt die Fidepromissio nach Römischem Recht in zwei Jahren, nach Athenischem (wie oben angeführt) in Einem. Nach der Savignyschen Ansicht müssten sie beide unberücksichtigt bleiben, es mag ein Römer bei einem Athener oder ein Athener bei einem Römer fidepromittirt haben. Ja, vielleicht müsste man ebenso entscheiden, wenn irgend ein Peregrinenrecht ganz wie das Römische die zweijährige Verjährungsfrist vorgeschrieben hätte. Aber eine solche Entscheidung würde von Niemandem begriffen werden! Diese Consequenzen widerlegen nicht bloss die von Savigny behauptete Ausnahme, sie machen sie geradezu unmöglich.

Sieht man sich nunmehr den Beweis an, mit welchem Savigny seine Ausnahme zu begründen sucht, so findet man auch ihn unhaltbar. Er beruft sich auf ein Plebiscit vom Jahre 561 der Stadt[1] und auf einen Senatsbeschluss unter Hadrian[2].

---

[1] Liv. 35, 7.
[2] Gai. 1, 92.

Das Plebiscit erging bei Gelegenheit einer Noth der durch den Wucher bedrückten Schuldner; zwar bestanden schützende Wuchergesetze, allein diese hatten nur für die Römer, nicht für die Bürger benachbarter Staaten (Latini und socii) Geltung, und die Römischen Wucherer liessen deshalb ihre Forderungen zum Scheine auf den Namen von Nichtrömern schreiben; zur Entkräftung dieses unredlichen Verfahrens wurden durch das Plebiscit auch die Latini und die socii den bestehenden Wuchergesetzen unterworfen. Savigny sieht das Wuchergesetz als ein positives an, und behauptet nunmehr, dass die Römer ihren nichtrömischen Gläubigern gegenüber sich auf das Gesetz nicht berufen durften; es bedurfte, so meint er, eines besonderen auf politische Gründe gestützten Gesetzes, um ihnen dies zu ermöglichen. Die Darstellung bei Livius (socii libero foenore obruebant debitores) setzt es ausser Zweifel, dass die Bedrückung in der Ueberschreitung des höchsten Römischen Zinsfusses bestand. Nun dürfte es vielleicht zulässig sein, einem Wuchergesetze, welches den Zinsfuss beschränkt, den Charakter eines positiven Gesetzes abzusprechen; denn alle Völker des Alterthums haben frühzeitig und übereinstimmend solche Beschränkungen aufgestellt; nur die Solonische Gesetzgebung kennt keine Zinsbeschränkungen. Aber mit Rücksicht auf die letztere will ich lieber hiervon absehen. Steht mir doch ein anderes Argument zu Gebote, das ich um so lieber anführe, als es von dem Manne herrührt, dessen Ehrentag wir heute feiern. Ihering hat uns gelehrt, welch eine Rolle in der Technik der Römischen Gesetzgebung die lex minus quam perfecta spielt. „Als man in Rom im Lauf der Jahrhunderte sich genöthigt sah, die Autonomie der Privaten, wie sie in den zwölf Tafeln anerkannt war und bis dahin unangetastet bestanden hatte, in manchen Fällen zu beschränken, z. B. dem Testator ein Maass vorzuschreiben, über das hinaus er keine Legate anordnen dürfe, oder gewisse Contracte zu untersagen, so schlug man dabei in echt Römischer Weise nicht den Weg ein, der uns heutzutage, ich will nicht sagen: als der natürliche, sondern als der einzig denkbare erscheint, nämlich den des gesetzlichen Verbots bei Strafe der Nichtigkeit (lex perfecta), sondern man bediente sich eines Umweges, indem man das Geschäft in seiner abstracten juristischen Giltigkeit unangetastet liess, aber den, der dasselbe zu verwirklichen versuchte, bestrafte (lex minus quam perfecta)"[1]. So hielt man es auch bezüglich des Wuchers: das Zinsversprechen war auch über das gesetzliche Maass hinaus juristisch giltig und klagbar, aber den Wucherer traf nach der lex Marcia de usuris[2] die Strafe des Vierfachen. Nunmehr stellt sich der von Livius berichtete Vorgang mit einer Vertauschung der processualen Parteirollen dar; der bewucherte Schuldner ist zunächst schuldig, dem Wucherer die Wucherzinsen zu zahlen; soll aber nunmehr der Wucherer zur Verantwortung gezogen werden, so muss der Schuldner als Kläger gegen den Wucherer als Beklagten einen Process anstellen, und diesen Process wird er bloss gegen den Römischen Wucherer gewinnen, gegen den fenerator Latinus vel socius wird er unterliegen, nicht zwar (wie man nach Savigny meinen sollte) weil es sich um positives Landesgesetz handelt,

---

[1] Ihering, Geist des R. R. 3, 104, 105.
[2] Gai. 4, 23; Cato de re rust. prooem.

sondern weil nach dem Personalitätsprincip der fenerator Latinus vel socius nach seinem Stadtrecht, nicht aber nach Römischem Recht beurtheilt werden muss. Die nichtrömischen Wucherer wurden allerdings der lex Marcia durch das plebiscitum Sempronium unterworfen, aber dies geschah bloss deshalb, weil sie vorgeschobene Personen der Römischen Wucherer waren; eine Verletzung des Personalitätssystems war also in dem Plebiscit nicht enthalten.

Nicht besser steht es um den zweiten von Savigny versuchten, auf ein Senatusconsult unter Hadrian gestützten Beweis. Dieses Senatusconsult bestimmt, dass das Kind aus einer secundum leges moresque peregrinorum geschlossenen Ehe selbst dann als Peregrine geboren werden (also seinem Vater angehören) solle, wenn zur Zeit der Geburt bloss die Mutter und nicht zugleich der Vater die Civität erlangt hätte. Savigny formulirt die hierin liegende positive Ausnahmebestimmung in folgender Weise: „es wurde hier der für das Römische Recht geltende Grundsatz, dass der Status der legitime concepti nach der Zeit der Zeugung beurtheilt werden sollte, mit völliger Reciprocität auch auf die Bürger fremder Staaten angewendet". Schwerlich dürfte diese Auffassung richtig sein, schwerlich wird jemand die Rechtsregel, dass der Status eines ehelich gezeugten Kindes sich nach dem Augenblick der Zeugung richte, auf die Römischen iustae nuptiae beschränken. Vielmehr gilt sie für jede Ehe; seitdem das Mutterrecht aufgehört hat, muss sie die Wirkung einer jeden vollgiltigen Ehe sein; als vollgiltig kann freilich nur die Ehe gelten, die ein Peregrine secundum leges moresque peregrinorum mit einer Peregrinia oder Römerin, es sei in seiner Vaterstadt oder in Rom, abschliesst; gerade das Personalitätssystem verlangt die Anerkennung dieser Ehe in Rom und in Folge dessen die Beurtheilung des Status des Kindes nach dem Augenblick der Zeugung. Hierin führt nun das Senatusconsult unter Hadrian eine Ausnahmebestimmung ein; die Ausnahmebestimmung ist nicht die von Savigny bezeichnete (dass das Kind nicht Römer werde, trotzdem die Mutter vor der Geburt das Römische Bürgerrecht erwarb), sondern die, dass das Kind Römischer Bürger werde, wenn beide Eltern vor der Geburt das Römische Bürgerrecht erworben hatten. Irre ich nicht, so ist dies im Text bei Gaius klar ausgesprochen, denn Gaius bedient sich nicht der negativen, sondern der positiven Ausdrucksweise:

> Peregina quoque si volgo conceperit, deinde civis Romana fiat et tunc pariat, civem Romanum parit; si vero ex peregrino secundum leges moresque peregrinorum conceperit, ita videtur ex senatusconsulto quod auctore divo Hadriano factum est civem Romanum parere, si et patri eius civitas donetur.

Das Resultat meiner Erörterung ist, dass ich die Savignysche Regel billige, die von ihm behauptete Ausnahme hingegen verwerfe; es ist dies um so annehmbarer, als auch nach der germanischen Rechtsentwicklung jeder Contrahent nach dem Recht seines Stammes beurtheilt wird [1].

Aus der Literatur vor Savigny hebe ich Sell und Puchta hervor.

---

[1] Brunner, Deutsche Rechtsgeschichte 1 S. 264.

Nach Sell wurde in den recuperatorischen Verträgen eine aus dem Recht der Römer und der verbündeten Nation gemischte Norm vereinbart, welche die Grundlage der recuperatorischen Entscheidung bilden sollte[1]. Dass dies möglich, ist unzweifelhaft, aber die Frage ist, was zu gelten hatte, wenn es an solchen besonderen Abreden fehlte, und diese Frage ist um so dringender, als, wie Mommsen[2] mit Recht bemerkt, diese Einzelverträge nicht bloss für uns zurücktreten, sondern in Folge der Römischen Vormachtstellung ihre Zwangskraft einbüssten.

Nach Puchta[3] haben die Recuperatoren nach ihrer rechtlichen Einsicht geurtheilt, darauf habe ihre Nationalität natürlich einen bedeutenden Einfluss geübt, aber eine reine Anwendung ihres eigenen Landesrechts habe nicht stattgefunden, nach und nach habe sich ein Herkommen gebildet, an dem man festhielt. Wiewohl ihm Voigt entgegenhielt, dass weder der Römische Prätor noch der Römische Richter jemals die Stellung des orientalischen Kadi eingenommen habe[4], so hat später Rudorff jene Meinung mit der Motivirung wiederholt, dass die gemischte Besetzung des Gerichts durch nothwendige Einigung der Richter von selbst die billige Ausgleichung herbeigeführt habe[5].

In der Romanischen Literatur nach Savigny hat dessen Ansicht, so weit ich sehe, keine Anerkennung gefunden.

---

[1] Recuperatio der Römer S. 327 ff.
[2] Röm. Staatsrecht 3, 605.
[3] Institutionen § 83 (1, 357 der 5. Aufl.).
[4] Jus naturale Bd. 2, S. 167 in der Note 158.
[5] Röm. Rechtsgeschichte § 1 gegen Ende.

Am weitesten entfernt sich von ihm Voigt[1]. Er unterscheidet die Verhältnisse des conubium, des commercium und der actio.

Für die Ehe hält er das Recht des Mannes für entscheidend; das ist für die Kinder seit alter Zeit der Fall (ihr Status bestimmt sich nach dem des Vaters), die Ehefrau blieb zwar Peregrina, aber sie wurde der bonorum possessio unde vir et uxor fähig, und endlich wurde die Ehe gänzlich durch das Gewohnheitsrecht desjenigen Volkes geregelt, welchem der Ehemann als Bürger angehörte. Schon oben, als ich gegen Savignys Auffassung des hadrianischen Senatsbeschlusses polemisirte, bin ich von demselben Grundsatz wie Voigt ausgegangen; vielleicht gehört hierher die merkwürdige Stelle aus der lex coloniae Genetivae Juliae, welche geeignet ist, die von Voigt bezüglich der Ehefrau behauptete Entwicklung zu bestätigen; sie lautet:

> cap. 133: Qui coloni Genitivi Julienses hac lege sunt erunt, eorum omnium uxores, quae in colonia Genetiva Julia hac lege sunt, eae mulieres legibus coloniae Genetivae Juliae virique parento iuraque ex hac lege, quaecunque in hac lege scripta sunt, omnium rerum ex hac lege habento sine dolo malo.

Denn die Mommsensche Auffassung dürfte Niemanden befriedigen, er versteht die Stelle dahin, dass die Frau den Wohnsitz des Mannes erhalte und hiernach in diesem Wohnsitz, nicht aber in der Stadt, wo sie Bürgerin sei, zu den

---

[1] Jus civile u. gentium der Römer (Bd. 2 des ius naturale) §§ 26, 27; vgl. auch Bd. 4 S. 320, 321.

munera personalia herangezogen werden dürfe[1]. Ueber diesen Sinn gehen die Worte des Coloniegesetzes weit hinaus; mir scheint, dass sie ein Privilegium der Colonenfrauen enthalten, zu dessen Ertheilung Antonius sich bewogen fand, um die Frauen, gleichviel ob Römerinnen oder peregrinischen Standes, in den Rechtskreis ihrer Männer völlig hineinzuziehen: er verpflichtet sie zum Gehorsam gegen die Colonialgesetze, aber er gewährt ihnen auch alle daraus hervorgehenden Rechte.

Für die Verhältnisse des commercium und der actio (unter letztere stellt Voigt insbesondere die Delicte) erklärt Voigt die territoriale Beziehung der Interessenten für maassgebend. Deutlicher: es komme darauf an, in welchem Territorium der Vertrag abgeschlossen, das Delict von dem Verletzenden begangen worden sei; das ius civile dieses Territorium bestimme nicht bloss die Jurisdiction und das Processrecht, sondern auch das materielle Recht, also die Wirkungen des Vertrages, die Verpflichtungen des Verletzers. Als Beweise für die territoriale Herrschaft des Rechts hat Voigt folgendes vorgebracht:

1. Den Vertrag mit Karthago von 245; derselbe bestimmt wörtlich in Art. 4:

ἐὰν Ῥωμαίων τις εἰς Σικελίαν παραγίγνεται, ἧς Καρχηδόνιοι ἐπάρχουσιν,, ἴσα ἔστω τὰ Ῥωμαίων πάντα.

Voigt behauptet, dass in diesen Worten ganz unzweideutig die Römer innerhalb des karthagischen Territorium

---

[1] Ephemeris epigraph. 2, 126; vgl. l. 38 § 3 D ad mun. 50, 1; l. 1 C. de mulier. in quo loco 10, 64; Kuhn, städtische Verfassung, 1, 16 f.

der Herrschaft des Punischen Rechts unterworfen werden. Ich halte dies für eine unmotivirte Ansicht; in jenen Worten liegt bloss das Versprechen der gleichen Behandlung von Römern und Karthagern, sie sollen contrahiren und klagen dürfen, das materielle Recht für die Aburtheilung von Streitigkeiten wird in jenen Worten nicht berührt.

2. Das Bündniss mit Karthago von 406, dessen Art. 7 wörtlich lautet:

Ἐν Σικελίᾳ, ἧς Καρχηδόνιοι ἐπάρχουσι, καὶ ἐν Καρχηδόνι πάντα καὶ ποιείτω καὶ πωλείτω, ὅσα καὶ τῷ πολίτῃ ἔξεστιν. ὡςαύτως δὲ καὶ ὁ Καρχηδόνιος ποιείτω ἐν Ῥώμῃ.

Wenn die soeben von mir gegebene Interpretation des Bündnisses von 245 einer Bestätigung bedurfte, so würde sie sie durch das Bündniss von 406 erhalten; denn die dort ausgesprochene Gleichstellung der Römer mit den Karthagern wird hier im Einzelnen erklärt als gleiche Befugniss zum Thun und zum Verkaufen; vom materiellen Recht, das bei Streitigkeiten maassgebend sein soll, ist wiederum nicht die Rede; Voigt aber behauptet, dass die Gleichstellung „ganz offenbar unseren (d. h. den Voigtschen) obigen Grundsatz ausspricht oder wenigstens zu ihrer nothwendigen Voraussetzung hat". Einer solchen Beweisführung gegenüber muss ich es dem Leser überlassen, seine Entscheidung zu treffen.

3. Das Bündniss mit den Latinern von 261, dessen eine Bestimmung wörtlich lautet:

τῶν ἰδιωτικῶν συμβολαίων αἱ κρίσεις ἐν ἡμέραις γενέσθωσιν δέκα, παρ' οἷς ἂν γένηται τὸ συμβόλαιον.

Hier wird die Klage aus Rechtsgeschäften der Jurisdiction desjenigen Volkes überwiesen, innerhalb dessen Territorium das Geschäft geschlossen war, und daraus folgert Voigt, dass „unzweideutig die Unterordnung solcher Klagen unter das Processrecht wie dementsprechend auch unter das materielle Recht des betreffenden populus" ausgesprochen ist. Ich kann diese Folgerung schon für das Processrecht nicht zugeben, denn in den Recuperationsverträgen werden ja besondere processuale Abreden getroffen, z. B. in dem vorliegenden die Erledigung des Processes binnen zehn Tagen. Vom materiellen Recht ist in den angeführten Worten gar nicht die Rede, denn sie enthalten bloss die Bestimmung, dass der Ort des Vertragsschlusses als Klagort zu fungiren habe, offenbar deshalb, weil hier die Beweismittel zur Hand sind.

4. Bei Festus s. v. municipium heisst es von den municipes, dass, wenn sie nach Rom kamen, participes fuerunt omnium rerum ad munus fungendum una cum Romanis civibus praeterquam de suffragio ferendo aut magistratu capiendo. „Die Anwesenheit auf Römischem Gebiet (schreibt Voigt) erscheint im Zusammenhang mit der Theilnahme am munus, von welchem selbst lediglich das jus honorum et suffragii ausgeschlossen wird, während insbesondere die iura privata, somit conubium und commercium und actio ihm ungeschmälert zuerkannt werden". Ganz abgesehen von den vielen Streitfragen über den Inhalt der Stelle, so liegt die ganze Unschlüssigkeit der Voigtschen Argumentation auf der Hand; daraus, dass der municeps in Rom volle Fähigkeit zu Ehe, Verträgen und Klagen hat, ergiebt

sich doch noch nicht, dass diese Ehe, Verträge, Klagen nach Römischem Recht zu beurtheilen sind.

Der Ansicht und der Argumente Savignys gedenkt Voigt an verschiedenen Stellen seines Werkes, einen Theil der letzteren übergeht er.

Die Ansicht Savignys hat er missverstanden; er meint, dass Savigny das jus gentium für maassgebend erachte [1], während er dies doch bloss dann lehrt, wenn es sich um „rein positive Gesetze" des Gegencontrahenten handelt.

Von den Argumenten erörtert Voigt eingehend bloss das Plebiscit des Jahres 561, und zwar zuerst mit Zuversicht[2], später mit Zweifeln[3]. Zuerst nämlich findet er eine Bestätigung seiner Meinung in dem Umstande, dass die Latiner und Socien mit den Römern zu Rom Literalcontracte abschliessen und vor dem praetor peregrinus klagend auftreten (— was, wie gezeigt, unschlüssig ist —). Nachher erregt es ihm Zweifel, dass diese Latiner und Socien, die doch in Rom Geschäfte treiben, nicht den Römischen Wuchergesetzen unterliegen; er entnimmt daraus, dass der Peregrine „auch beim Rechtsverkehr auf Römischem Territorium nur innerhalb gewisser Grenzen der Herrschaft des ius civile Romanorum unterworfen war"; er geht daran, die Grenzlinie festzustellen, und er zieht sie so, dass „der des commercium und der actio Theilhafte der Herrschaft des privatrechtlichen ius civile lediglich insoweit unterlag, als commercium und recuperatio solche Unterordnung begrifflich bedingten, daher auch die leges wie das ius civile ihn

---

[1] Jus naturale II, 167, in der Anm. 158.
[2] Jus naturale II, 172.
[3] Jus naturale IV, 176 f (in Beilage 12, § 31).

nicht banden, insoweit sie nicht die Rechtsmaterie betreffen, welche dem commercium und der actio sich unterordnet". Ich bekenne, dass diese Worte mir unverständlich geblieben sind; denn Wuchergesetze betreffen die Darlehnsmaterie und sollten nach dem Voigtschen Princip der territorialen Herrschaft auch gegen Peregrinen Geltung haben.

Von den übrigen Savignyschen Argumenten gedenkt Voigt des Gaius 1, 92. 3, 120[1] und des Ulpian 20, 14[2]. Was jenen betrifft, so erkennt er an, dass seine Lehre mit ihm anscheinend in Widerspruch steht, aber er sucht dies durch die Behauptung zu beseitigen, dass Gaius nur von liberae civitates *innerhalb* des Reiches, nicht aber von souveränen *Nachbar*staaten handle — eine Auffassung, die innerlich unhaltbar und in keinem Worte von Gaius Bestätigung findet. Dem Ulpian wirft Voigt direct eine „falsche Deduction" vor, „es haben (schreibt er) zu allen Zeiten viele quasi cives Romani, d. h. nach ius civile Romanum testirt, die gleichwohl Peregrinen waren". Den Beweis hierfür ist Voigt freilich schuldig geblieben.

Jörs hat sich gleichfalls mit unserer Materie beschäftigt[3]. Er verweist zunächst auf besondere Vertragsabreden. „Wo derartige Abmachungen vorhanden waren, bildeten sie natürlich die Grundlagen des materiellen Rechts. In der späteren Zeit aber sind sie aus den Bündnissen verschwunden; den griechischen Städten gegenüber setzte sich allmählich überall eine bestimmte Rechtsübung für den Handelsverkehr als Gewohnheitsrecht fest, welches zum

---

[1] Jus naturale II, 698.
[2] Jus naturale II, 761, Anm. 855.
[3] Römische Rechtswissenschaft zur Zeit der Republik S. 131 ff.

Theil auch in den Verträgen seine ausdrückliche Anerkennung fand". Auf diesem Wege gelangt Jörs bei der Verschiedenheit der Ausgangspunkte zu einer Menge von zum Theil recht mannigfaltig gestalteten Fremdenrechten und dann durch Ausgleichung unter den einzelnen Fremdenrechten zu einem für Alle geltenden ius gentium.

Fragt man nach den Beweisen dieser Ansicht, so erhält man als Antwort die Verweisung auf drei Staatsacte, von denen immer je einer je einen Theil der Ansicht motiviren soll.

Als Beweis der besonderen Vertragsabreden über das anzuwendende Recht gilt der erste Vertrag mit Karthago, wonach die Kaufgeschäfte der Römer in Karthago, an der Afrikanischen Küste und in Sardinien öffentlich unter Zuziehung eines Herolds oder Notars abgeschlossen werden mussten, alsdann solle der Staat dem Verkäufer subsidiär auf Zahlung haften, anderenfalls aber der Vertrag nicht klagbar sein. Offenbar haben wir es hier mit einer ganz positiven Bestimmung zu thun, wie sie sich für den Anfang eines internationalen überseeischen Verkehrs im Interesse des Friedens rechtfertigen lässt; sie ist deshalb im zweiten Vertrag mit Karthago nicht mehr wiederholt worden, und ich glaube nicht, dass wir daraus schliessen dürfen, es seien in den älteren internationalen Verträgen mehrfach Bestimmungen über das materielle Recht getroffen worden; dass es später nicht geschehen, nimmt Jörs selbst an.

Als Beweis des internationalen Gewohnheitsrechts wird die Bestimmung aus der lex Antonia de Termensibus von 683 angeführt:

Quae leges quodque ious quaeque consuetudo L. Marcio Sex. Julio cos. inter civeis Romanos et Termenses maiores Pisidas fuit, eaedem leges eidemque ious eademque consuetudo inter civeis Romanos et Termenses maiores Pisidas esto.

. Die untechnische Aneinanderreihung von lex, ius und consuetudo, ferner die letzte Stelle, welche darin der consuetudo angewiesen ist, müssen doch entschieden von der Annahme abhalten, dass sich im Verkehr zwischen Römern und Termensern ein ihre rechtlichen Beziehungen normirendes Gewohnheitsrecht gebildet habe. Es ist mir überhaupt fraglich, ob die obige Bestimmung der lex Antonia auf das materielle für die Beurtheilung der Rechtsgeschäfte maassgebende Recht zu beziehen ist; denn wenn man dies bejaht, so behauptet man zugleich, dass die lex Antonia dieses Recht für unabänderlich erklären, für alle Ewigkeit festhalten wollte, und das kann doch nicht die Absicht des Gesetzgebers gewesen sein. Man gelangt zu einer anderen Auffassung, wenn man unter den cives Romani resp. Termenses den Römischen Staat resp. die Stadt Termessus, also die juristischen Personen und ihre öffentlichrechtlichen Verhältnisse zu einander versteht. Solche Verhältnisse sind bekanntlich viel stabiler; hier mögen Gesetze ergangen sein, hier mag durch Gewohnheit z. B. die Kriegsleistung von Termessus an Rom sich genau bestimmt haben u. dgl. m.; die Bestätigung der Gewohnheit (cap. 6) folgt unmittelbar auf eine Bestimmung über die regelmässige Befreiung der Stadt Termessus von Winterquartieren (cap. 5), und es werden auch hier die Termenses fortwährend als Gesammtheit, als juristische Person aufgefasst; hier passt auch das Wort ius, indem aus Specialgesetzen und -gewohnheiten subjective Rechte (Privilegien) hervorgehen.

Endlich die Ausgleichung der verschieden gestellten Fremdenrechte soll aus einem Senatusconsult von 674 hervorgehen, in welchem die Römer in Chios den dortigen Gesetzen unterworfen werden; dies lasse sich nur daraus erklären, dass es auf Chios keine privatrechtlichen Normen mehr gab, welche nur für Chiische Bürger galten. Der Senatsbeschluss lautet:

ὅπως νόμοις τε καὶ ἔθεσιν καὶ δικαίοις χρῶνται, ἃ ἔσχον, ὅτε τῇ Ῥωμαίων φιλίᾳ προςῆλθον, ἵνα τε ὑπὸ μηθ᾽ ᾧτινι τύπῳ ὦσιν ἀρχόντων ἢ ἀνταρχόντων, οἵ τε παρ᾽ αὐτοῖς ὄντες Ῥωμαῖοι τοῖς Χείων ὑπακούωσιν νόμοις.

Man wird aus dem Conjunctiv ὑπακούωσιν, welcher von ἵνα abhängig ist, schliessen müssen, dass unter den νόμοι nur die Gesetze über die Competenz der Chiischen Magistrate gemeint sind; der Sinn ist also: da Chios von der Gerichtsbarkeit der Römischen Magistrate und Promagistrate in jeder Weise eximirt ist, so sollen die dort wohnenden Römer der Competenz der Chiischen Magistrate unterliegen. So versteht auch Marquardt den Senatsbeschluss [1].

Auf zweierlei mache ich aufmerksam; einmal, dass bei Jörs eine Würdigung der Savignyschen Argumente, die doch zum Theil der Republik angehören, sich nicht vor-

---

[1] Röm. Staatsverwaltung 1, 349 Anm. 3.

findet[1]. Sodann dass Jörs von seiner Ansicht aus zu einer Auffassung des ius gentium gedrängt wird, die mir nicht billigenswerth erscheint. Doch davon später; vorher noch eine Mittheilung über die Ansicht des neuesten Schriftstellers.

Wlassak steht grundsätzlich auf derselben Grundlage wie Savigny und ich; er ist ein consequenter Anhänger des Systems „der persönlichen Gemeinderechte"[2], das er für altes Gemeingut der gräcoitalischen Welt erklärt; er will darauf den Gegensatz des Bürger- und des Fremdenprocesses gründen, als welche er die iudicia legitima und imperio continentia hinstellt. Dazwischen laufen freilich Aeusserungen, welche irre machen könnten; so die Worte auf S. 126: die Bürger leben nach gesetzlichem Recht, die Peregrinen regiert das Imperium der Römischen Beamten. Allein hier versteht Wlassak unter Peregrinen die Unterthanen; hingegen die Bürger der verbündeten Städte leben nach ihrem Stadtrecht, nicht minder die Bürger der freien, wenn auch nicht verbündeten Städte, welche, so weit ich sehe, Wlassak gar nicht in den Kreis seiner Betrachtung hereingezogen hat. Uebrig bleiben die unterthänigen Städte, es mochte ihnen ihre Selbständigkeit (Behörden, Stadtrecht) genommen oder wieder zurückgegeben worden sein. Wenn

---

[1] Er erklärt mit aller Bestimmtheit, dass in den Quellen alle Spuren dafür fehlen, dass der Richter unter Umständen ausländisches Recht anwenden müsse (a. a. O. S. 141); freilich will er mit diesen Worten nicht das alte Personalitätsprincip sondern das moderne internationale Privatrecht bezeichnen.

[2] Röm. Processgesetze 2, 129.

Wlassak (S. 128) von letzteren hervorhebt, dass ihre Stadtrechte mehr oder minder vom Ermessen der Römischen Imperienträger abhingen, so darf man um deshalb noch lange nicht ihre Bürger als vom Imperium der Römischen Beamten beherrscht ansehen; zwar ist ihnen ihre Selbstständigkeit nicht durch foedus noch durch lex noch senatus consultum garantirt; aber Niemand wird die prätorischen Schützlinge in der Zeit vor der lex Junia für Sclaven erklären, sondern sie waren zu dieser Zeit in einem Zwischenstande: factisch frei, juristisch Sclaven. Ein Aehnliches gilt von jenen Städten; auch sie leben nach ihren persönlichen Gemeinderechten, wenngleich sie nicht sicher sind, dass sie ihnen belassen werden. Jedenfalls passt die Wlassaksche Anschauung nicht auf die civitates foederatae [1] und die civitates liberae, welche letztere ihre Freiheit auf eine Lex oder ein Senatusconsultum stützen konnten. Wlassak hat eine übereilte Schlussfolgerung gezogen; man erkennt sie am besten aus seinen Ergebnissen S. 358. 359. Dort wird vom Volksgesetz gelehrt, dass es grundsätzlich nur die Beziehungen der Bürger zu einander und zum Staat regelt; im Gegensatz hierzu werden die Peregrinen des Reiches, Bundesgenossen und Unterthanen, desgleichen die Sclaven ausserhalb der Legalordnung gestellt. Dieser negativen Fassung (Stellung ausserhalb der Legalordnung) kann

---

[1] Daher wundert sich Wlassak 2, 153 über das plebiscitum Sempronium von 561 (oben S. 13), er nennt es eine in der That auffallende Erscheinung, insofern es eine Vorschrift giebt für die Handhabung der Fremdengerichtsbarkeit, wo sonst das Imperium allein herrscht. Erklärt hat er die ihm auffallende Erscheinung nicht.

man zustimmen. Allein wenn Wlassak nunmehr fortschreitet zu der positiven Fassung: „die Fremden beherrscht (neben ihrem eigenen Recht) das Imperium der Magistrate, mit anderen Worten Römisches Amtsrecht", so ist dies ein Verfehlen gegen seine eigenen Ausgangspunkte; denn die ausschliessliche Unterwerfung der Römischen Bürger unter die Römischen Volksrechte stammt doch aus dem gräcoitalischen System der persönlichen Gemeinderechte, und dasselbe System verlangte (nachdem die Rechtlosigkeit der Fremden abgeschafft war), dass die Peregrinen nach ihren Volksrechten und nur nach diesen beurtheilt wurden; es ist nicht genug, wenn Wlassak neben dem Amtsrecht das eigene Recht der Peregrinen erwähnt, denn es geschieht bloss in dem Sinne, dass seine Geltung vom Belieben, von der Willkür der Magistrate abhängt, „nur den Föderirten gegenüber (schreibt er) ist diese Beamtenwillkür beschränkt".

Wir müssen weiter gehen und die Auffassung des Amtsrechts bei Wlassak, welches er mit der Bezeichnung „Beamtenwillkür" belegt, noch mehr angreifen.

In dem Amtsrecht stellt sich ein neues Princip der Herrschaft des Rechts dar, und zwar wieder ohne Unterscheidung von Bürgern und Fremden: es ist das Territorialitätsprincip. Das ist von Wlassak gänzlich übersehen. Bisher galt das Personalitätsprincip für Bürger wie für Fremde; wo auch immer sie einen Rechtsact vornehmen, wo auch immer sie vor Gericht stehen, ob in der Heimath oder in der Fremde, sie werden nach ihrem heimatlichen Recht beurtheilt. Jetzt hingegen stellt der praetor urbanus, der praetor peregrinus, der praeses provinciae ein Edict auf, das nur innerhalb seines Amtssprengels Geltung hat; der Bürger, der in Rom unter dem Edict des städtischen Prätor steht, wurde, wenn er wegen derselben Sache nicht in Rom, sondern aus irgend einem Grunde beim Präses von Kleinasien belangt wurde, nach dem Edict dieses Präses beurtheilt; das Gleiche gilt vom Fremden. Das sind bekannte Thatsachen; aber nur diejenigen wissen das in ihnen liegende Territorialitätsprincip zu würdigen, welche für die frühere Zeit dem reinen Personalitätsprincip anhängen, und nur die Tendenz, die Wlassak in seinem Buch verfolgt, das Streben, den Gegensatz von Bürger- und Fremdenprocess in dem der iudicia legitima und imperio continentia wiederzufinden [1], hat ihn verhindert zu erkennen, dass das Civil- und das Amtsrecht sich zu einander wie personales und territoriales Recht verhalten, und dass dabei kein Unterschied zwischen Bürgern und Fremden besteht; sie stehen beide, seitdem es Amtsrecht giebt, d. h. seit dem Formularprocess, unter einem personalen und unter einem territorialen Recht. Sogar von den Föderirten, also von denen, welchen durch völkerrechtlichen Act ihr personales Recht garantirt ist, lässt sich dies behaupten; denn wenn einer von ihnen vor dem praetor peregrinus in Rom processirt, so untersteht er dessen Edict; das wird von der Territorialität des Edictes postulirt: jene völkerrechtliche Garantie schützt den Föderirten bloss gegen die Unter-

---

[1] Den Gedanken, in den iud. legitima und imperio continentia den Gegensatz der Bürger- und Fremdenprocesse zu finden, hat schon Dirksen aufgeworfen, aber bloss, um ihn zu missbilligen (Vermischte Schriften 1, 239 Anm. 122).

stellung unter das Edict des Präses der benachbarten Provinz. Unrichtig erscheint mir insbesondere die Behauptung von Wlassak, dass nur der „Bürgerprocess durch Leges der einzelnen Civitates geordnet war"[1]. Wir wissen, dass der Fremdenprocess durch völkerrechtliche Verträge (die Recuperationen) geregelt wurde, aber diese Verträge bedürfen jedenfalls seit dem Vorgange in den Caudinischen Engpässen (wahrscheinlich schon vorher) der Zustimmung des Volkes, d. h. also eines Gesetzes, geradeso wie die modernen völkerrechtlichen Verträge unpolitischen Inhalts der Zustimmung der Volksvertretung bedürfen und, wenn diese ertheilt ist, in den Gesetzblättern als Staatsgesetze verkündet werden. Sonach ist also auch der „Fremdenprocess" bei den Römern durch Gesetze (wenn auch durch andere Gesetze) geradeso beherrscht worden wie der „Bürgerprocess"[2], und es ist die Behauptung Wlassaks (a. a. O.) zu verwerfen, dass zur Ernennung eines Geschworenen die Reichsmagistrate kraft Gesetzes nur Bürgern gegenüber und nur in Rom verpflichtet waren; die Fremden standen, vorausgesetzt, dass völkerrechtliche Verträge abgeschlossen waren, in dieser Beziehung den Bürgern gleich[3], und die Processe von beiden sind später von den edicta magistratuum in gleicher Weise betroffen worden.

---

[1] Röm. Processgetze 2, 365.
[2] So auch Mommsen in dem soeben erschienenen Bd. 12 S. 279, 281 der Zschr. der Savigny-Stiftung.
[3] Mommsen a. a. O. S. 282 ist hier auf Wlassaks Seite getreten, er nimmt an, dass der Vertrag den Rechtsgang mehr gestattete, als befahl; aber für das entwickelte Recht (meint er) sei der Process nicht mehr als für den Magistrat bloss facultativ angesehen worden.

Es ist interessant zu beobachten, dass das neue Princip der Territorialität nicht um seiner selbst willen beliebt wird, dass man nicht deshalb dazu greift, weil man an dem bisherigen Princip der Personalität Anstoss nimmt, sondern dass es sich als eine unbeabsichtigte Consequenz der Natur der neuen Rechtsquelle ergiebt; das neue Recht ist Amtsrecht, das Imperium des Beamten deckt aber sein Amtsgebiet, also hat auch das Amtsrecht innerhalb seines ganzen Amtsgebiets Geltung, gleichviel übrigens, welches die Qualität der einzelnen Person ist. Nur in Rom hat man behufs Bewältigung der Geschäfte eine Theilung zwischen dem praetor urbanus und praetor peregrinus vorgenommen, und daher bezieht sich das Edict des Ersteren nur auf die Bürger, das des Letzteren nur auf die Fremden; vor dieser Theilung hatte das Edict des einzigen Prätor für Beide Geltung, und in den Provinzen ist es fortdauernd so geblieben; auch das Edict der curulischen Aedilen in Rom, der Quästoren in den Volksprovinzen bezieht sich in gleicher Weise auf Bürger wie auf Fremde.

Ebendeshalb weil das Territorialitätsprincip sich aus der Natur des Amtes ergiebt, so lässt man das von Altersher überlieferte Personalitätsprincip innerhalb seines Kreises unberührt; beide Principien, wiewohl innerlich entgegengesetzt, bestehen friedlich neben einander; ja, in Rom selbst combinirt man aus rein geschäftlichen Gründen beide Principien und schafft ein Edict des praetor urbanus und des praetor peregrinus; das erstere gilt für die Bürger in Italien (ähnlich wie die lex Furia de sponsoribus), das letztere für die Fremden in Italien. Diese Combination fällt unter Hadrian, der wieder zu dem einzigen Edict für

Italien zurückkehrt; in den Provinzen gewinnt unter demselben Kaiser das Territorialprincip an Kraft dadurch, dass alle Provinzialedicte zu einem einzigen für das ausseritalische Reich vereinigt werden. Aber das Nebeneinanderbestehen des Personalitäts- und Territorialitätsprincips wird von der Codification unter Hadrian nicht getroffen, daher der Bericht des Gaius über den fremden Sponsor, sowie über die Syngrapha und Chirographa, der des Ulpian über den fremden Testator, von denen der letztere sicher, der erstere wahrscheinlich später ist als die hadrianische Codifikation. — — —

Ich beschäftigte mich bisher mit dem Peregrinenrecht, ich wende mich jetzt zum ius gentium.

Ich beginne wieder mit Savigny; seine Darstellung des ius gentium ist wenige Jahre älter als die der Rechtsstellung der Peregrinen, und sie befindet sich mit letzterer in voller Uebereinstimmung [1]. Savigny sieht das ius gentium als einen rein theoretischen Begriff der Römischen Juristen an; die Römer machten frühe Bekanntschaft mit den fremden Rechten, weil sie sie in ihren Gerichten anwandten; da verglichen sie denn ihr Recht mit den fremden, und „auf der fortgehenden Sammlung und Vergleichung mehrerer fremden Rechte beruht die Erkenntniss des ius gentium" (S. 114); unvermerkt kamen sie zu dem abstracteren Begriff eines den Römern mit allen fremden Völkern, also allen Menschen, gemeinschaftlichen Rechts; dabei passirte ihnen freilich die Ungenauigkeit, dass sie von allen Völkern sprachen, wiewohl sie nicht alle Völker

---

[1] System Bd. 1, § 22.

kannten. Auch die Frage legten sich die Römer vor, woher denn die Uebereinstimmung der Völker in Ansehung so vieler Rechtssätze stamme, und sie beantworteten sie, indem sie auf die naturalis ratio, d. h. auf das der menschlichen Natur eingepflanzte gemeinsame Rechtsbewusstsein verwiesen.

Hier unterschreibe ich jeden Satz und Wort für Wort[1], und ich wiederhole, dass die Grundidee dahin zu fassen ist, dass das ius gentium ein rein theoretischer Begriff ist. Deutlicher: das ius gentium wird nicht im Geschäftsverkehr der verschiedenen Völker gebildet, sondern von der Rechtswissenschaft durch Vergleichung der Rechte der einzelnen Völker erkannt; die ganze Rechtsentwicklung geht *bei jedem einzelnen Volke* vor sich; betrachtet man aber das Product, so erweist sich Einiges als dem einzelnen Volke allein angehörig, Anderes als allen Völkern gemeinsam; jenes nennt man ius civile, dieses ius gentium; das gesammte Recht wird von beiden Rechtsmaterien gebildet, und jedes Volk hat sowohl sein ius civile wie auch ius gentium:

> Gaius 1,1 (= l. 9 D. de inst. et iure 1,1): Omnes populi, qui legibus et moribus reguntur, partim suo proprio, partim communi omnium hominum iure

---

[1] Nur einem (von mir oben nicht citirten) Satze vermag ich nicht zuzustimmen. „Es erhellt aus dieser Zusammenstellung (schreibt Savigny S. 112), dass man nur theilweis einen Gegensatz zwischen dem nationalen und allgemeinen Recht (ius civile und gentium) annehmen kann, indem ein grosser Theil des ersten zugleich auch dem zweiten angehört." Dies halte ich nicht für richtig, das ius civile bildet nicht das gesammte Recht eines Volks, neben ihm besteht das ius gentium (vgl. das im Texte folgende).

utuntur; nam quod quisque populus ipse sibi ius constituit, id ipsius proprium est vocaturque ius civile quasi ius proprium civitatis; quod vero naturalis ratio inter omnes homines constituit, id apud omnes populos peraeque custoditur vocaturque ius gentium, quasi quo iure omnes gentes utuntur.

Es würde unrichtig sein, wenn wir den letzten Satz (quod vero naturalis ratio inter omnes homines constituit . . .) dahin auffassten, dass die Rechtsbildung eine gemeinsame That aller Menschen sei; vielmehr ist sie bei dem ius gentium wie bei dem ius civile ein nationaler Vorgang, aber die wunderbare Uebereinstimmung des Products dieser zahlreichen nationalen Vorgänge ist aus einem gemeinsamen Besitzthum der Menschen zu erklären: aus der naturalis ratio, sie hat bei jedem einzelnen Volke dasselbe Resultat hervorgerufen.

Savigny hat seine Auffassung von ius gentium nicht selbstständig gebildet, vielmehr folgte er dabei Hugo[1]; merkwürdig ist nun, dass diese Auffassung seitdem fast nur Gegner und keine Anhänger gefunden hat.

Schon Puchta[2] ist ihr aufs lebhafteste entgegengetreten; er wirft ihr vor, dass sie eine wissenschaftliche Betrachtung der späteren Römischen Juristen auf die Anfänge des ius gentium übertrage. Wie Puchta sich ein Recht für die Streitigkeiten unter und mit Peregrinen construirt hat, ist oben mitgetheilt worden; „dieses allgemeine Peregrinenrecht ist das ius gentium in seiner ursprünglichen Bedeutung; es ist durch ein unmittelbar practisches

---

[1] Vgl. die Citate bei Dirksen, Vermischte Schriften 1, 202.
[2] S. insbesondere seine Institutionen §§ 83, 84.

Bedürfniss entstanden, für die Peregrinen und ihren Verkehr unter und mit den Römern." Sonach erklärt Puchta ausdrücklich, dass das ius gentium ursprünglich nur für die Völker ausser dem Römischen, nicht für die Processe von bloss Römischen Bürgern gegolten habe. Erst später habe sich ein zweiter Begriff des ius gentium gebildet; denn durch die Heranbildung des Peregrinenrechts seien die Römer mit anderen Rechtsbegriffen als denen des strengen ius civile erfüllt worden, und so hätten sie das allgemeinere freiere Element in ihr Recht aufgenommen; das Römische Recht habe sich verdoppelt, und diese Doppelheit zeige sich von nun an in den einzelnen Rechtsinstituten, im Recht des Eigenthums, dem Obligationen- und dem Familienrecht, es beständen überall Rechtsverhältnisse des ius civile und ius gentium neben einander. Die Quellenwidrigkeit der Puchtaschen Auffassung bedarf keiner Ausführung; die römischen Juristen wissen nichts von einem doppelten Begriff des ius gentium, von einem früheren für die Peregrinen allein und einem späteren zugleich für die Römer. Aber das Hauptargument gegen diese Auffassung besteht darin, dass die Behauptung von den Doppelinstituten falsch ist. Besteht denn etwa ein Gegensatz von dominium ex iure Quiritium und ex iure gentium? Vielmehr ist der Römische Gegensatz der von dominium ex iure Quiritium und von rem in bonis esse, und dieser Gegensatz ist nicht dem ius gentium, sondern dem prätorischen Edict entsprungen[1]; das Peregrineneigenthum, dessen Gaius 2, 40 gedenkt, hat nichts mit dem Römischen Recht zu thun, es

---

[1] Ebenso Bechmann, Kauf 1, 308.

ist Peregrinenrecht. Besteht denn etwa ein Gegensatz von obligatio ex iure civili und ex iure gentium? Vielmehr stellen die Römer einige Obligationen ins ius civile, andere ins ius gentium, je nachdem bloss Römer oder auch Peregrinen ihrer fähig sind; nicht Doppelinstitute bestehen, sondern dasselbe Institut, dieselbe Stipulatio, dieselbe literarum obligatio ist in einigen Formen iuris civilis, in anderen iuris gentium[1]. Höchstens der Gegensatz einer doppelten Ehe (mit und ohne Conubium) ist zuzugeben; aber die Römer sind weit entfernt, das letztere ein matrimonium iuris gentium zu nennen, dieser letztere Ausdruck ist modern, die Römer nennen es matrimonium non legitimum[2].

Die Puchtasche Auffassung ist weitverbreitet. Wiederholentlich erklärt Mommsen[3] das ius gentium für ein internationales Privatrecht, das sich in Rom allmählich neben dem Landrecht entwickelt habe, nach welchem Römische Richter dann gesprochen hätten, wenn eine Sache weder nach ihrem eigenen, noch nach irgend einem anderen Landrecht entschieden werden konnte, sondern sie genöthigt waren, von den römischen, hellenischen, phönikischen und sonstigen Rechtseigenthümlichkeiten absehend auf die allem Verkehr zu Grunde liegenden gemeinsamen Rechtsanschauungen zurückzugehen. Hier habe die neuere römische Rechtsbildung angeknüpft, sie habe ein neues Stadtrecht entwickelt, das materiell auf einem Compromiss zwischen dem nationalen Zwölftafelrecht und dem internationalen

---

[1] Gai. 3, 93. 133. 179.
[2] l 37, § 2 D ad mun. 50, 1.
[3] Römische Geschichte 1, 158. 3, 545 der 5. Aufl. Vgl. Römisches Staatsrecht 3, 603—606.

oder dem sogenannten Recht der Völker beruhte. Rudorff[1] hat dann die Internationalität des ius gentium erweitert, er sieht darin ein Recht der Staaten unter einander (das ius belli et pacis) und das internationale Privatrecht unter den einzelnen Gliedern verschiedener Staaten; Willems ist ihm hierin gefolgt[2]. Jörs hingegen stellt sich auf die Seite von Puchta, indem er die für die Peregrinen geltenden Rechtsregeln für „die Grundlage des später als Weltrecht bezeichneten Rechtsstoffes" erklärt (das Weltrecht sei nichts anderes als das Römische Fremdenrecht auf einer bestimmten Entwicklungsstufe, nämlich derjenigen, wo es mit den Fremdenrechten der auswärtigen und zwar speciell der hellenischen Staaten des Ostens identisch geworden sei)[3], und indem er ferner das Fremdenrecht allmählich ins Römische Civilrecht übergehen lässt, „bis schliesslich die ganze Masse des Weltrechts ein Recht der Römischen Bürger geworden ist"[4]. Mit einer geringen Modification hat Wlassak den gleichen Standpunkt; auch er sieht den Ursprung des ius gentium im internationalen Verkehr[5], auch er nimmt an, dass es von hier aus in das Bürgerrecht übergegangen sei, aber er nimmt in letzterer Beziehung einige Ausnahmen an[6]. Selbst Voigt, der doch seine eigenen Wege zu gehen liebt, schliesst sich hier an: „gleichwie man in dem neu eingeführten Silbergelde und

---

[1] Römische Rechtsgeschichte Bd. 1, § 1. So schon vorher Dirksen, Vermischte Schriften Bd. 1 S. 215 ff.
[2] Droit public Romain p. 138, note 5 (6me édit.).
[3] Röm. Rechtswis. S. 134, 139, 151, Anm. 1.
[4] A. a. O. S. 147.
[5] Röm. Processgesetze 2, 145.
[6] A. a. O. S. 131 Anm. 15.

Sextantarasse eine Münze schuf, die dem internationalen Geschäftsverkehr zu dienen berufen war, so ward auch das ius gentium als Rechtsordnung für den Verkehr mit oder zwischen Peregrinen, nicht dagegen zwischen Cives ins Leben gerufen, vielmehr geschah es erst im Laufe weiterer Entwicklung, dass ein dem edictum urbanum und peregrinum gemeinsamer Stock von Satzungen sich bildete, sei es dass der praetor urbanus aus dem edictum peregrinum oder der praetor peregrinus aus dem ius civile entlehnte[1]."

Bloss zwei Schriftsteller stehen, wenn auch nicht auf dem Savignyschen, aber doch auf einem ihm nahen Standpunkte; es sind Bechmann[2] und Karlowa[3]. Beide machen gleichmässig darauf aufmerksam, wie unhaltbar die Annahme ist, dass die Römer die einfachsten, nächstliegenden, unentbehrlichsten Verhältnisse (wie Occupation, Tradition, Kauf, Miethe) erst von fremden Völkern überkommen hätten, während sie ihnen doch mit diesen gemeinsam waren. Bechmann erklärt überdies ausdrücklich, dass die Römische Unterscheidung der Institute des ius civile und des ius gentium eine doctrinäre Bedeutung habe, es handle sich dabei um rechtsvergleichende Bemerkungen der Römischen Juristen. Und das scheint mir auch, wenn er es auch nicht ausdrücklich ausspricht, die Meinung Karlowas zu sein; er führt nämlich aus, dass das ius gentium sich in seinem Grundstock im Verkehr der Römischen Bürger entwickelt, und dann auf den Verkehr der Bürger mit den Peregrinen, sowie auf den der Peregrinen unter sich an-

---
[1] Röm. Rechtsgeschichte 1, 154.
[2] Kauf 1, 307 f. 437.
[3] Röm. Rechtsgeschichte § 59, insbes. S. 454 ff.

gewandt worden sei; zuletzt hätten die Römer die Erfahrung gemacht, dass ein gleiches freies Recht auf ihren Verkehr mit den Angehörigen anderer Staaten auch in diesen anderen Staaten zur Anwendung komme, und deshalb hätten sie dieses Recht nunmehr als ius gentium bezeichnet. Die Differenzen zwischen dieser Meinung und der Savignyschen liegen zu Tage; Karlowa ist offensichtlich Gegner des Personalitätsprincips; aber darin stimmt er wie Bechmann mit Savigny überein, dass wie das ius civile, so auch das ius gentium sich im Verkehr der Römischen Bürger unter einander gebildet hat.

Printed by Libri Plureos GmbH
in Hamburg, Germany